Limonaden
selbst gemacht

von Gerhard Praun

Fotos von Karl Newedel

Bassermann

Inhalt

Fruchtig, kribbelnd und so erfrischend

Für uns, wie auch für unsere Kinder, ist die Limonade das Getränk der Kindheit. So süß und fruchtig, mit dieser kleinen Säure, die mit der Kohlensäure an unserem Gaumen kitzelt. Vielleicht ist die Limonade Schuld, dass viele Frauen gerne Champagner trinken, weil er so schön kribbelt. Vielleicht fühlen sie sich dann in ihre Kindheit zurückversetzt. Wer weiß?

Jeder von uns wird sich daran erinnern, wie er als Kind nach Hause kommt, aus der Hitze im Sommer, und eine Erfrischung im Kühlschrank suchte. Da war sie, unsere Limo, durststillend und abkühlend. Mit diesem Buch können Sie Ihren Kindern ihre Lieblingslimonaden selber machen – mit viel frischem Saft.

Auch Erwachsene trinken noch gerne Limonade, manchmal pur, manchmal in Longdrinks wie Cuba Libre, Gin & Tonic, Wodka Lemon. Unser Geschmack hat sich verändert, ist erwachsen geworden, wir wollen es nicht mehr ganz so süß, vielleicht etwas mehr Säure und auch Bitter kann es sein. Was liegt da näher, als sich seine eigene Limonade zu machen. Ehrlich gesagt ist es sehr einfach, Limonade herzustellen und mit etwas Übung werden Sie experimentierfreudiger werden und eigene Mischungen kreieren.

Ich wünsche Ihnen und Ihren Kindern viel Spaß beim Limonadenmachen.

Ihr
Gerhard Praun, Barkeeper

Die 3-S-Formel

Meine Limonaden bestehen aus 3 Komponenten:

Sirup für die Süße + Saft für die Säure + Sprudelwasser

Dazu kommt dann noch Eis.

Sirup für die Süße

Für die Süße in unserer Limonade verwenden wir selbst hergestellte Sirupe. Dafür kochen wir Zucker mit der gleichen Menge Wasser. Diabetikern empfehle ich, Stevia oder Agavendicksaft zu verwenden. Stevia ist ein pflanzliches Süßungsmittel, das 100-mal mehr Süßkraft hat als Zucker. Die Streusüße von Stevia kann ich für Limonaden nicht empfehlen, da es nach dem Erkalten des Sirups zur Kristallisierung kommen kann und mir dadurch schon einige Flaschen Sirup kaputt gingen. Ich empfehle Ihnen, frische oder getrocknete Blätter zu nehmen oder Stevia Flüssigsüße. Stevia hat aber einen relativ starken Eigengeschmack nach Lakritz. Ich habe Stevia daher nur für die Kräuterlimonade benutzt, da hier das Eigenaroma gut mit den Kräuteraromen harmoniert. Sie können auch Honig als Süßungsmittel benutzen, allerdings besteht auch hier das Problem des Eigenaromas.

Saft für die Säure

Alle Limonaden in diesem Buch enthalten den Saft von Zitrusfrüchten für die Säure. Hauptsächlich verwende ich Zitronen, Limetten oder Orangen, manchmal auch eine Mischung davon. Wir können die Säure aber auch durch Rhabarbersaft oder Essig in unsere Limonade bringen. Bei Essig rate ich dazu, nur qualitativ hochwertige Obstessige zu verwenden, am besten handgemachte. Obstessig hat einen ebenso hohen Säureanteil wie Zitrone oder Limette, er liegt bei 5 %. Sie können also Zitronen- oder Limettensaft durch die gleiche Menge Obstessig ersetzen und damit nochmals andere Aromen ins Spiel bringen. Probieren Sie es einfach mal aus.

Sprudelwasser

Sprudelwasser können wir selbst mit einem Sodasyphon und einer CO_2-Patrone herstellen. Diese Syphons können Sie günstig bei Online-Versteigerungen erwerben. Falls Sie keinen zur Hand haben, nehmen Sie einfach stark sprudeliges Mineralwasser.

Eis

Für mich ist das Eis eine sehr wichtige Zutat in einer Limonade, da es das Getränk schön kalt hält. Eiswürfel können sie zuhause herstellen oder mittlerweile im Supermarkt oder an Tankstellen kaufen. Denken Sie daran, dass viel Eis eine Limonade nicht so schnell verwässert wie wenig Eis, denn das schmilzt schneller.

Frische Säfte sind einfach besser

In den Rezepten dieses Buches benutze ich frisch gepresste bzw. frisch gewonnene Säfte. Da die Qualität der Früchte variiert und sie je nach Herkunft und Jahreszeit mehr oder weniger süß sind, sind die Mengenangaben in den Rezepten nur eine Orientierungshilfe. Schmecken Sie Ihre Limonaden immer ab. Prüfen Sie, ob sie noch etwas Süße oder Säure benötigen. Wenn Ihnen das zu viel Arbeit ist, können Sie auch fertige Säfte benutzen. Sie müssen dann aber darauf achten, den Sirup etwas niedriger zu dosieren, da gekaufte Säfte meist süßer sind als selbst gemachte.

Ganz klassisch: Auspressen im Mulltuch

Wenn Sie keinen Entsafter haben, wird's etwas sportlicher. Sie reiben die Früchte auf ein feines Mulltuch und pressen den Saft danach durch Zusammendrehen des Tuchs aus … puh, das ist die anstrengendste Methode.

Zitruspresse

Zitrusfrüchte sind einfach zu entsaften. Eine haushaltsübliche Zitruspresse ist ausreichend, um Limetten, Zitronen, Mandarinen und Orangen zu entsaften. Mittlerweile gibt es in vielen Supermärkten auch eine Profi-Zitruspresse, deren Form ein wenig an einen Nussknacker erinnert. Diese benutzen wir an der Bar, weil sie einfacher und sauberer arbeitet. Wenn Sie die Möglichkeit haben, kaufen Sie eine.

Entsafter

Bei vielen Früchten gewinnt man den Saft sehr gut mit einem Zentrifugenentsafter. Obst und Gemüse einfach oben rein, anschalten und schwupp haben Sie Karotten-, Apfel-, Ananas-, Gurken- und Melonensaft. Bei Ingwer wird es etwas komplizierter. Ich schäle ihn und schneide ihn ziemlich klein (ca. 1 x 1 cm). Dann rein in den Entsafter und mit etwas Gefühl den Entsaftungsprozess starten.

Limonade auf Vorrat

Sirupe und Sirup-Saftmischungen können Sie in sterilisierten Flaschen zwei bzw. eine Woche aufbewahren. Spülen Sie saubere Flaschen mit Verschlüssen mit kochendem Wasser aus, füllen Sie sie bis ganz zum Rand und verschließen Sie sie. Bewahren Sie sie gekühlt auf.

So machen Sie Limonade

Die 3-S-Formel für Limonade:

Süße + Säure + Sprudelwasser = prickelnde Limonade

An dieser Formel erkennen Sie auch die 3 Schritte, die für die Herstellung einer Limonade nötig sind:

1 Für die Süße brauchen Sie einen Sirup. Dieser besteht immer aus Zucker + Wasser, meist kommen noch geschmacksgebende Zutaten hinzu.

2 Für die Säure geben Sie Saft zum Sirup.

3 Im dritten Schritt wird die Sirup-Saftmischung mit Sprudelwasser gemischt, jetzt haben Sie Limonade, die erfrischend kalt mit Eis serviert wird.

Orangenlimonade

Ergibt 1,5 l Limonade Foto auf Seite 17, rechts im Krug

Als Sirup nehmen wir Zuckersirup. Eine Mischung aus Orangen- und Zitronensaft gibt Geschmack und Säure. Serviert wird die Limonade mit Sprudelwasser und Eis.

Für den Zuckersirup

500 ml Wasser
500 g Zucker

Für die Limonade

150 ml Zuckersirup
650 ml frisch gepresster Orangensaft (ca. 7 Früchte)
200 ml frisch gepresster Zitronensaftsaft (ca. 7 Früchte)
500 ml Sprudelwasser

Und so geht's

1 Für den Zuckersirup das Wasser mit dem Zucker bei mittlerer Hitze aufkochen. Immer wieder rühren, damit der Zucker sich auflöst und nicht anbrennt. Den Sirup nach 5 Minuten vom Herd nehmen, abkühlen lassen und in sterile Flaschen füllen. Gekühlt ist er ca. zwei Wochen haltbar. Zuckersirup wird auch Läuterzucker genannt.

2 Messen Sie 150 ml Sirup ab und mischen Sie ihn mit den Säften.

3 Zum Servieren der Limonade Eis in ein Glas geben, mit ⅔ Sirup-Saftmischung und ⅓ Sprudelwasser aufgießen und eiskalt genießen.

Zitronenlimonade

Ergibt 1,5 l Limonade

Für die Limonade
450 ml Zuckersirup
550 ml frisch gepresster Zitronensaft (ca. 14 Früchte), alternativ Limettensaft
500 ml Sprudelwasser

Für den Zuckersirup
500 ml Wasser
500 g Zucker

Zubereitung des Zuckersirups

1 Das Wasser mit dem Zucker bei mittlerer Hitze aufkochen. Immer mal wieder umrühren, damit der Zucker sich auflöst und nicht anbrennt. Diese Mischung wird auch Läuterzucker genannt.

2 Nach etwa 5 Minuten vom Herd nehmen, abkühlen lassen und den Sirup in eine sterile Flasche füllen. Gekühlt ist er ca. zwei Wochen haltbar.

Zubereitung der Limonade

1 450 ml Zuckersirup mit dem Zitronensaft mischen.

2 Zum Servieren der Limonade Eis ins Glas geben, mit $^2/_3$ Sirup-Saftmischung und $^1/_3$ Sprudelwasser aufgießen und eiskalt genießen.

Mandarinenlimonade

Ergibt 1,5 l Limonade Foto auf Seite 17, links

Zubereitung der Limonade

1 Da die Süße von Mandarinen sehr unterschiedlich ist, brauchen Sie ca. 175 bis 250 ml Sirup. Mischen Sie ihn mit den Säften.

2 Zum Servieren der Limonade Eis ins Glas geben, mit ⅔ Sirup-Saftmischung und ⅓ Sprudelwasser aufgießen und eiskalt genießen.

Für die Limonade

250 ml Zuckersirup (siehe linke Seite)
600 ml frisch gepresste Mandarinen (ca. 12 Früchte)
150 ml frisch gepresster Limettensaft (ca. 5 Früchte)
500 ml Sprudelwasser

Mandarinen-Orangen-Limonade

Ergibt 1,5 l Limonade Foto Seite 17, Mitte

Für die Limonade

250 ml Zestensirup
300 ml frisch gepresster Mandarinensaft (ca. 6 Früchte)
300 ml frisch gepresster Orangensaft (ca. 3 Früchte)
150 ml frisch gepresster Limettensaft (ca. 5 Früchte)
500 ml Sprudelwasser

Für den Zestensirup

Schale von 4 Bio-Zitronen
500 ml Wasser
500 g Zucker
evtl. 6-8 Kumquats

Zubereitung des Zestensirups

1 Die gewaschenen Zitronen mit einem Sparschäler dünn schälen, dabei darauf achten, dass das bittere Weiße nicht mit abgeschält wird.

2 Wasser und Zucker bei mittlerer Hitze aufkochen. Immer mal wieder umrühren, damit der Zucker sich auflöst und nicht am Boden anbrennt.

3 Die Zitronenschalen und die gewaschenen, geviertelten Kumquats in das Zuckerwasser geben. Das Ganze kurz aufkochen (maximal 5 Minuten), vom Herd nehmen und 1 Tag ziehen lassen.

4 Den Sirup durch ein feines Sieb in eine sterile Flasche füllen. Gekühlt ist er ca. zwei Wochen haltbar.

Zubereitung der Limonade

1 250 ml Zestensirup mit den Säften gut vermischen.

2 Zum Servieren Eis ins Glas geben, mit ⅔ Sirup-Saftmischung und ⅓ Sprudelwasser aufgießen und eiskalt genießen.

Grapefruitlimonade

Ergibt 1,5 l Limonade Foto auf Seite 22, rechts

Für die Limonade

130 ml Zestensirup (siehe rechte Seite)
650 ml frisch gepresster Saft aus gelben Grapefruits (ca. 4 Früchte)
200 ml frisch gepresster Limettensaft (ca. 9 Früchte)
1 Prise Salz
500 ml Sprudelwasser

Zubereitung der Limonade

1 130 ml Zestensirup mit den Säften und dem Salz mischen.

2 Zum Servieren Eis ins Glas geben, mit ⅔ Sirup-Saftmischung und ⅓ Sprudelwasser aufgießen und eiskalt genießen.

Mit Promille: Genießen Sie die Grapefruit Limonade mit 4 cl Tequila – ich nehme dafür gerne Tequila Anejo –, auf viel Eis. Dieser beliebteste Longdrink Mexikos nennt sich Paloma.

Im Sommer ist diese Limonade vielleicht der beste Durstlöscher. Durch die Prise Salz erhält Ihr Körper wieder ein paar Mineralstoffe, die er durch das Schwitzen verloren hat.

Orangen-Dill-Limonade

Ergibt 1,5 l Limonade **Foto auf Seite 22, oben**

Für die Limonade
150 ml Zestensirup
100 ml Dillsirup
600 ml frisch gepresster Orangensaft (ca. 6 Früchte)
150 ml frisch gepresster Limettensaft (ca. 5 Früchte)
500 ml Sprudelwasser

Für den Zestensirup
Schale von 4 Bio-Zitronen
500 ml Wasser
500 g Zucker
evtl. 6-8 Kumquats

Für den Dillsirup
500 ml Wasser
500 g Zucker
30 g Dill

Zubereitung des Zestensirups

1 Die gewaschenen Zitronen mit einem Sparschäler dünn schälen, dabei das bittere Weiße nicht mit abschälen.

2 Wasser und Zucker bei mittlerer Hitze aufkochen. Immer wieder umrühren, damit der Zucker sich auflöst.

3 Die Zitronenschalen und die geviertelten Kumquats zugeben. Das Ganze kurz aufkochen (maximal 5 Minuten), vom Herd nehmen und 1 Tag ziehen lassen.

4 Den Sirup durch ein feines Sieb in eine sterile Flasche füllen. Gekühlt ist er ca. zwei Wochen haltbar.

Zubereitung des Dillsirups

1 Zubereitung wie Schritt 2 beim Zestensirup.

2 Den Dill hinzufügen, das Ganze maximal 5 Minuten kochen, vom Herd nehmen und 20 Minuten ziehen lassen. Den Sirup durch ein feines Sieb in eine sterile Flasche füllen. Gekühlt ist er ca. zwei Wochen haltbar.

Zubereitung der Limonade

1 150 ml Zestensirup und 100 ml Dillsirup mit den Säften mischen.

2 Zum Servieren Eis ins Glas geben, mit $^2/_3$ Sirup-Saftmischung und $^1/_3$ Sprudelwasser aufgießen und eiskalt genießen.

Zitronen-Vanille-Limonade

Ergibt 1,5 l Limonade Foto auf Seite 22, links

Zubereitung des Zestensirups

1 Die gewaschenen Zitronen mit einem Sparschäler dünn schälen, dabei darauf achten, dass das bittere Weiße nicht mit abgeschält wird.

2 Wasser und Zucker bei mittlerer Hitze aufkochen. Immer mal wieder umrühren, damit der Zucker sich auflöst und nicht am Boden anbrennt.

3 Die Zitronenschalen und die gewaschenen, geviertelten Kumquats in das Zuckerwasser geben. Das Ganze kurz aufkochen (maximal 5 Minuten), vom Herd nehmen und 1 Tag ziehen lassen.

4 Den Sirup durch ein feines Sieb in eine sterile Flasche füllen. Gekühlt ist er ca. zwei Wochen haltbar.

Zubereitung des Vanillesirups

1 Zubereitung wie Schritt 2 beim Zestensirup.

2 Die Vanilleschoten aufschlitzen, das Mark herausschaben und mit den Schoten zur Zuckerlösung geben. Das Ganze aufkochen (maximal 5 Minuten), vom Herd nehmen und 20 Minuten ziehen lassen.

3 Den Sirup durch ein feines Sieb in eine sterile Flasche füllen und eine Vanilleschote mit hineingeben. Gekühlt ist der Sirup ca. zwei Wochen haltbar.

Zubereitung der Limonade

1 250 ml Zestensirup und 200 ml Vanillesirup mit dem Zitronensaft mischen.

2 Zum Servieren Eis ins Glas geben, mit 2/3 Sirup-Saftmischung und 1/3 Sprudelwasser aufgießen und eiskalt genießen.

Weitere Rezepte mit Vanillesirup finden Sie auf den Seiten 23, 24, 27, 29 und 33.

Für die Limonade
250 ml Zestensirup
200 ml Vanillesirup
550 ml frisch gepresster Zitronensaft (ca. 14 Früchte)
500 ml Sprudelwasser

Für den Zestensirup
Schale von 4 Bio-Zitronen
500 ml Wasser
500 g Zucker
evtl. 6-8 Kumquats

Für den Vanillesirup
500 ml Wasser
500 g Zucker
2 Vanilleschoten

Ingwer-Vanille-Limonade

Ergibt 3 l Limonade **Foto auf Seite 26, links**

Mit Promille:
Genießen Sie diese Limonade mit 4 cl Wodka und einer Scheibe Gurke oder 4 cl braunem Rum und einem Limettenviertel auf viel Eis als Longdrink.

Für die Limonade

- 400 ml Vanillesirup
- 200 ml Ingwersaft (frisch gepresst oder Fertigprodukt)
- 400 ml frisch gepresster Zitronensaft (ca. 10 Früchte)
- 2 l Sprudelwasser

Für den Vanillesirup

- 500 ml Wasser
- 500 g Zucker
- 2 Vanilleschoten

Zubereitung des Vanillesirups

1 Wasser und Zucker bei mittlerer Hitze aufkochen. Immer mal wieder umrühren, damit der Zucker sich auflöst und nicht am Boden anbrennt.

2 Die Vanilleschoten aufschlitzen, das Mark herausschaben und mit den Schoten in das Zuckerwasser geben. Das Ganze aufkochen (maximal 5 Minuten), vom Herd nehmen und 20 Minuten ziehen lassen.

3 Den Sirup durch ein feines Sieb in eine sterile Flasche füllen und eine Vanilleschote mit hineingeben. Gekühlt ist der Sirup ca. zwei Wochen haltbar.

Zubereitung der Ingwersafts

1 Den Ingwer schälen, in kleine Stückchen schneiden und vorsichtig im Entsafter entsaften. Wenn Sie keinen Entsafter haben, müssen Sie zur klassischen Methode greifen: Eine Schüssel mit einem Mulltuch auslegen. Den Ingwer schälen und mit einer feinen Reibe in die Mitte des Mulltuchs reiben (oder mit dem Pürierstab pürieren). Das Tuch über dem Ingwer fest zusammendrehen und ausdrücken. Für 200 ml Ingwersaft brauchen Sie ca. 500 g Ingwer.

Zubereitung der Limonade

1 400 ml Vanillesirup mit den Säften mischen.

2 Zum Servieren Eis ins Glas geben, mit $1/3$ Sirup-Saftmischung und $2/3$ Sprudelwasser aufgießen und eiskalt servieren.

Wassermelonen-Gurken-Limonade

Ergibt 2 l Limonade **Foto auf Seite 26, rechts**

Für die Limonade

130 ml Vanillesirup
350 ml Melonensaft
(ca. 400 g Melonenfleisch)
300 ml Gurkensaft
(ca. 1 Bio-Salatgurke)
220 ml frisch gepresster
Limettensaft (ca. 8 Früchte)
1 l Sprudelwasser

Für den Vanillesirup

500 ml Wasser
500 g Zucker
2 Vanilleschoten

Zubereitung des Vanillesirups

1 Wasser und Zucker bei mittlerer Hitze aufkochen. Immer mal wieder umrühren, damit der Zucker sich auflöst und nicht am Boden anbrennt.

2 Die Vanilleschoten aufschlitzen, das Mark herausschaben und mit den Schoten in das Zuckerwasser geben. Das Ganze aufkochen (maximal 5 Minuten), vom Herd nehmen und 20 Minuten ziehen lassen.

3 Den Sirup durch ein feines Sieb in eine sterile Flasche füllen und eine Vanilleschote mit hineingeben. Gekühlt ist der Sirup ca. zwei Wochen haltbar.

Mit Promille:
Zum Gurkenaroma passt Gin, in dieser Kombination wird daraus ein leckerer Longdrink.

Zubereitung des Melonensafts

1 Die Melone in einem Entsafter entsaften. Oder eine Schüssel mit einem feinen Mulltuch auslegen. Das Melonenfleisch in ca. 1 x 1 cm große Würfel schneiden, in die Schüssel geben und das Tuch darüber zusammenschlagen. Mit einem Kartoffelstampfer die Würfel in dem Tuch zerdrücken, dann das Tuch mit dem Fruchtbrei zusammendrehen und den Saft ausdrücken.

Zubereitung des Gurkensafts

1 Die Gurke in einem Entsafter entsaften. Oder eine Schüssel mit einem feinen Mulltuch auslegen, die ungeschälte Gurke auf das Tuch reiben (oder pürieren) und das Mulltuch fest zusammendrehen und den Saft ausdrücken.

Zubereitung der Limonade

1 130 ml Vanillesirup mit den Säften mischen.

2 Zum Servieren Eis ins Glas geben, mit ½ Sirup-Saftmischung und ½ Sprudelwasser aufgießen und eiskalt servieren.

Gurken-Ingwer-Limonade

Ergibt 2 l Limonade Foto auf Seite 26, Mitte

Für die Limonade
200 ml Vanillesirup
500 ml Gurkensaft (ca. 2 Bio-Salatgurken)
100 ml Ingwersaft (frisch gepresst oder Fertigprodukt)
200 ml frisch gepresster Zitronensaft (ca. 6 Früchte)
1 l Sprudelwasser

Für den Vanillesirup
500 ml Wasser
500 g Zucker
2 Vanilleschoten

Zubereitung des Vanillesirups

1 Wasser und Zucker bei mittlerer Hitze aufkochen. Immer mal wieder umrühren, damit der Zucker sich auflöst und nicht am Boden anbrennt.

2 Die Vanilleschoten aufschlitzen und in das Zuckerwasser geben. Das Ganze aufkochen (maximal 5 Minuten), vom Herd nehmen und 20 Minuten ziehen lassen.

3 Den Sirup durch ein feines Sieb in eine sterile Flasche füllen und eine Vanilleschote mit hineingeben. Gekühlt ist der Sirup ca. zwei Wochen haltbar.

Zubereitung des Gurkensafts

1 Wenn Sie einen Entsafter haben, entsaften Sie die Gurke darin. Falls nicht: Legen Sie eine Schüssel mit einem feinen Mulltuch aus. Die ungeschälte Gurke in das Tuch reiben (oder pürieren), das Tuch über dem Brei fest zusammendrehen und den Saft ausdrücken.

Zubereitung des Ingwersafts

1 Den Ingwer schälen, in kleine Stückchen schneiden und vorsichtig im Entsafter entsaften. Wenn Sie keinen Entsafter haben, müssen Sie zur klassischen Methode greifen: Eine Schüssel mit einem feinen Mulltuch auslegen. Den Ingwer schälen und mit einer feinen Reibe in die Mitte des Mulltuchs reiben (oder mit einem Pürierstab pürieren). Das Tuch über dem Ingwer fest zusammendrehen und ausdrücken. Für 100 ml Ingwersaft brauchen Sie ca. 200 g Ingwer.

Zubereitung der Limonade

1 200 ml Vanillesirup mit den Säften mischen.

2 Zum Servieren Eis ins Glas geben, mit ½ Sirup-Saftmischung und ½ Sprudelwasser aufgießen und eiskalt servieren.

Mojito-Limonade

Ergibt 1,5 l Limonade Foto auf Seite 31, rechts

Für die Limonade

400 ml Minzsirup
600 ml frisch gepresster Limettensaft (ca. 20 Früchte)
500 ml Sprudelwasser

Für den Minzsirup

500 ml Wasser
500 g Zucker
30 g frische Minze, z. B. marokkanische Nana-Minze

Mit Promille: Die Limonade mit 4cl weißem Rum und viel Eis mixen. Auch brauner Rum, Wodka oder Gin passen gut.

Statt frischer Minze können Sie auch 4 Teebeutel verwenden (nehmen Sie den milderen Minztee, keinen Pfefferminztee, der hat einen höheren Mentholgehalt).

Die Farbe des Sirups verändert sich bei längerer Lagerung, er wird etwas bräunlich, was den Geschmack aber nicht beeinträchtigt.

Zubereitung des Minzsirups

1 Wasser und Zucker bei mittlerer Hitze aufkochen. Immer mal wieder umrühren, damit der Zucker sich auflöst und nicht am Boden anbrennt.

2 Die gewaschene Minze kurz in den Händen zerdrücken und in das Zuckerwasser geben. Das Ganze aufkochen (maximal 5 Minuten), vom Herd nehmen und 20 Minuten ziehen lassen.

3 Den Sirup durch ein feines Sieb in eine sterile Flasche füllen. Gekühlt ist der Sirup ca. zwei Wochen haltbar.

Zubereitung der Limonade

1 400 ml Minzsirup mit dem Limettensaft mischen.

2 Zum Servieren Eis ins Glas geben, mit ⅔ Sirup-Saftmischung und ⅓ Sprudelwasser aufgießen und eiskalt servieren.

Ingwer-Minz-Limonade

Ergibt 3 l Limonade Foto auf Seite 31, links

Für die Limonade

100 ml Vanillesirup
300 ml Minzsirup
(siehe linke Seite)
200 ml Ingwersaft
(frisch gepresst oder Fertigprodukt)
400 ml frisch gepresster
Zitronensaft (ca. 10 Früchte)
2 l Sprudelwasser

Für den Vanillesirup

500 ml Wasser
500 g Zucker
2 Vanilleschoten

Zubereitung des Vanillesirups

1 Wasser und Zucker bei mittlerer Hitze aufkochen. Immer mal wieder umrühren, damit der Zucker sich auflöst und nicht am Boden anbrennt.

2 Die Vanilleschoten aufschlitzen, das Mark herausschaben und mit den Schoten in das Zuckerwasser geben. Das Ganze aufkochen (maximal 5 Minuten), vom Herd nehmen und 20 Minuten ziehen lassen.

3 Den Sirup durch ein feines Sieb in eine sterile Flasche füllen und eine Vanilleschote mit hineingeben. Gekühlt ist der Sirup ca. zwei Wochen haltbar.

Zubereitung des Ingwersafts

1 Den Ingwer schälen, in kleine Stückchen schneiden und vorsichtig im Entsafter entsaften. Wenn Sie keinen Entsafter haben, müssen Sie zur klassischen Methode greifen: Eine Schüssel mit einem feinen Mulltuch auslegen. Den Ingwer schälen und mit einer feinen Reibe in die Mitte des Mulltuchs reiben (oder pürieren). Das Tuch über dem Ingwer fest zusammendrehen und den Ingwer auspressen. Für 200 ml Ingwersaft brauchen Sie ungefähr 500 g Ingwer.

Zubereitung der Limonade

1 100 ml Vanillesirup und 300 ml Minzsirup mit den Säften mischen.

2 Zum Servieren Eis ins Glas geben, mit ⅓ Sirup-Saftmischung und ⅔ Sprudelwasser aufgießen und eiskalt servieren.

Wassermelone-Minz-Limonade

Ergibt 2 l Limonade Foto Seite 31, Mitte

Für die Limonade

130 ml Minzsirup
650 ml Melonensaft
(ca. 1 kg Fruchtfleisch)
220 ml frisch gepresster
Limettensaft (ca. 8 Früchte)
1 l Sprudelwasser

Für den Minzsirup

500 ml Wasser
500 g Zucker
30 g frische Minze, z. B.
marokkanische Nana-Minze
(oder 4 Beutel Minztee)

Mit Promille: Die Limonade mit 4 cl Wodka oder weißem Rum und viel Eis als Longdrink genießen.

Der Minzsirup verfärbt sich bei längerer Lagerung etwas bräunlich, was den Geschmack aber nicht beeinträchtigt.

Zubereitung des Melonensafts

1 Die Melone im Entsafter entsaften. Oder eine Schüssel mit einem feinen Mulltuch auslegen, das Melonenfleisch in ca. 1 x 1 cm große Würfel schneiden, in die Schüssel geben und das Tuch darüber zusammenschlagen. Mit einem Kartoffelstampfer die Würfel im Tuch zerdrücken, das Tuch fest zusammendrehen und den Saft auspressen.

Zubereitung des Minzsirups

1 Wasser und Zucker bei mittlerer Hitze aufkochen. Immer mal wieder umrühren, damit der Zucker sich auflöst und nicht am Boden anbrennt.

2 Die gewaschene Minze kurz in den Händen zerdrücken und in das Zuckerwasser geben. Das Ganze aufkochen (maximal 5 Minuten), vom Herd nehmen und 20 Minuten ziehen lassen.

3 Den Sirup durch ein feines Sieb in eine sterile Flasche füllen. Gekühlt ist der Sirup ca. zwei Wochen haltbar.

Zubereitung der Limonade

1 130 ml Minzsirup mit den Säften mischen.

2 Zum Servieren Eis ins Glas geben, mit ½ Sirup-Saftmischung und ½ Sprudelwasser aufgießen und eiskalt servieren.

Maracuja-Limonade

Ergibt 1,5 l Limonade **Fotos Seite 35, rechts**

Für die Limonade

400 ml Maracujasirup
600 ml frisch gepresster Limettensaft (ca. 21 Früchte)
500 ml Sprudelwasser

Für den Maracujasirup

500 ml Wasser
500 g Zucker
3 gelb-grüne oder 4–5 violett-braune Maracujas

Zubereitung des Maracujasirups

1 Wasser und Zucker bei mittlerer Hitze aufkochen. Immer mal wieder umrühren, damit der Zucker sich auflöst und nicht am Boden anbrennt.

2 Die Maracujas halbieren, das Fruchtfleisch mit einem Löffel herausschaben und in das Zuckerwasser geben. Das Ganze aufkochen (maximal 5 Minuten), vom Herd nehmen und 20 Minuten ziehen lassen.

3 Den Sirup durch ein feines Sieb in eine sterile Flasche füllen. Gekühlt ist er ca. zwei Wochen haltbar.

Zubereitung der Limonade

1 400 ml Maracujasirup mit dem Saft mischen.

2 Zum Servieren der Limonade Eis ins Glas geben, mit ⅔ Sirup-Saftmischung und ⅓ Sprudelwasser aufgießen und eiskalt servieren.

Maracuja-Vanille-Limonade

Ergibt 2 l Limonade Foto Seite 35, Mitte

Zubereitung des Vanillesirups

1 Wasser und Zucker bei mittlerer Hitze aufkochen. Immer mal wieder umrühren, damit der Zucker sich auflöst und nicht am Boden anbrennt.

2 Die Vanilleschoten aufschlitzen, das Mark herausschaben und mit den Schoten in das Zuckerwasser geben. Das Ganze aufkochen (maximal 5 Minuten), vom Herd nehmen und 20 Minuten ziehen lassen.

3 Den Sirup durch ein feines Sieb in eine sterile Flasche füllen und eine Vanilleschote mit hineingeben. Gekühlt ist der Sirup ca. zwei Wochen haltbar.

Zubereitung der Limonade

1 250 ml Maracujasirup und 150 ml Vanillesirup mit den Säften mischen.

2 Zum Servieren Eis ins Glas geben, mit ½ Sirup-Saftmischung und ½ Sprudelwasser aufgießen und eiskalt servieren.

Für die Limonade

250 ml Maracujasirup (siehe linke Seite)
150 ml Vanillesirup
400 ml frisch gepresster Limettensaft (ca. 13 Früchte)
200 ml frisch gepresster Orangensaft (ca. 2 Früchte)
1 l Sprudelwasser

Für den Vanillesirup

500 ml Wasser
500 g Zucker
2 Vanilleschoten

Mit Promille: Mischen Sie diese Limonade mit 4 cl braunem Rum und viel Eis zu einem sommerlichen Longdrink.

Das feine Aroma der Vanille ist die perfekte Ergänzung zur Maracuja.

Ingwer-Maracuja-Limonade

Ergibt 3 l Limonade Foto Seite 35, links

Für die Limonade

400 ml Maracujasirup
200 ml Ingwersaft (frisch gepresst oder Fertigprodukt)
400 ml frisch gepresster Zitronensaft (ca. 10 Früchte)
2 l Sprudelwasser

Für den Maracujasirup

500 ml Wasser
500 g Zucker
3 gelb-grüne oder 4–5 violett-braune Maracujas

Zubereitung des Maracujasirups

1 Wasser und Zucker bei mittlerer Hitze aufkochen. Immer mal wieder umrühren, damit der Zucker sich auflöst und nicht am Boden anbrennt.

2 Die Maracujas halbieren, das Fruchtfleisch mit einem Löffel herausschaben und in das Zuckerwasser geben. Das Ganze aufkochen (maximal 5 Minuten), vom Herd nehmen und 20 Minuten ziehen lassen.

3 Den Sirup durch ein feines Sieb in eine sterile Flasche füllen. Gekühlt ist er ca. zwei Wochen haltbar.

Zubereitung des Ingwersafts

1 Den Ingwer schälen, in kleine Stückchen schneiden und vorsichtig im Entsafter entsaften. Wenn Sie keinen Entsafter haben, müssen Sie zur klassischen Methode greifen: Eine Schüssel mit einem feinen Mulltuch auslegen. Den Ingwer schälen und mit einer feinen Reibe in die Mitte des Mulltuchs reiben. Das Tuch fest zusammendrehen und den Saft ausdrücken. Für 200 ml Ingwersaft brauchen Sie ungefähr 500 g Ingwer.

Zubereitung der Limonade

1 400 ml Maracujasirup mit den Säften mischen.

2 Zum Servieren Eis ins Glas geben, mit ⅓ Sirup-Saftmischung und ⅔ Sprudelwasser aufgießen und eiskalt servieren.

Rhabarberlimonade

Ergibt 3 l Limonade **Foto Seite 40/41, 2. Glas von links**

Für die Limonade

600 ml Rhabarbersirup
400 ml frisch gepresster Zitronensaft (ca. 10 Früchte)
2 l Sprudelwasser

Für den Rhabarbersirup

2 kg Rhabarber
1 Vanilleschote
500 g Zucker
Saft von 1 Zitrone

Zubereitung des Rhabarbersirups

1 Den Rhabarber putzen und in 1 cm große Stücke schneiden. Mit einem kleinen Schuss Wasser in einem großen Topf aufkochen lassen und bei schwacher Hitze ca. 30 Minuten weiterkochen.

2 Ein großes Sieb mit einem dünnen Mulltuch auskleiden, den Rhabarber hineingießen und den Saft auffangen. Das Tuch zusammendrehen und den Saft aus dem Rhabarber pressen.

3 Die Vanilleschote aufschlitzen, das Mark herausschaben. Den Rhabarbersaft zurück in den Topf geben. Vanilleschote und -mark, Zucker und Zitronensaft hinzufügen und offen nochmals ca. 30 Minuten auf 750 ml einkochen.

4 Den Sirup durch ein feines Sieb in eine sterile Flasche füllen. Gekühlt ist er etwa zwei Wochen haltbar.

Zubereitung der Limonade

1 600 ml Rhabarbersirup mit dem Zitronensaft mischen.

2 Zum Servieren Eis ins Glas geben, mit ⅓ Sirup-Saftmischung und ⅔ Sprudelwasser aufgießen und eiskalt servieren.

Rosenlimonade

Ergibt 3 l Limonade Foto auf Seite 40/41, 2. Glas von rechts

Zubereitung des Rosensirups

1 Wasser und Zucker bei mittlerer Hitze aufkochen. Immer mal wieder umrühren, damit der Zucker sich auflöst und nicht am Boden anbrennt.

2 Die Rosenblätter in das Zuckerwasser geben. Das Ganze aufkochen (maximal 5 Minuten), vom Herd nehmen und 1 Tag ziehen lassen.

3 Den Sirup durch ein feines Sieb in eine sterile Flasche füllen. Gekühlt ist er ca. zwei Wochen haltbar.

Zubereitung der Limonade

1 400 ml Rosensirup mit dem Saft mischen.

2 Zum Servieren Eis ins Glas geben, mit ⅓ Sirup-Saftmischung und ⅔ Sprudelwasser aufgießen und eiskalt genießen.

Für die Limonade

400 ml Rosensirup
600 ml frisch gepresster Zitronensaft (ca. 16 Früchte)
2 l Sprudelwasser

Für den Rosensirups

500 ml Wasser
500 g Zucker
30 g ungespritzte Duftrosenblätter

Holunderblütenlimonade

Ergibt 2 l Limonade **Foto auf Seite 40/41, links**

Für die Limonade

400 ml Holunderblütensirup
600 ml frisch gepresster Zitronensaft (ca. 16 Früchte)
1 l Sprudelwasser

Für den Holunderblütensirup

10–15 Holunderblütendolden
500 ml Wasser
500 g Zucker

Mit Promille:
Ein perfekter Hugo-Ersatz: Die Limonade mit Weißwein oder Prosecco mischen und mit ein paar Minzblättern garnieren.

Zubereitung des Holunderblütensirups

1 Die Blüten von den Stielen abknipsen und eventuelle Insekten abschütteln.

2 Wasser und Zucker bei mittlerer Hitze aufkochen. Immer mal wieder umrühren, damit der Zucker sich auflöst und nicht am Boden anbrennt.

3 Die Holunderblüten in das Zuckerwasser geben. Das Ganze aufkochen (maximal 5 Minuten), vom Herd nehmen und 2 bis 3 Tage im Kühlschrank ziehen lassen.

4 Ein großes Sieb mit einem dünnen Mulltuch auskleiden, den Blütensirup hineingießen und den Saft auffangen. Das Tuch zusammendrehen und die Flüssigkeit auspressen.

5 Den Sirup durch ein feines Sieb in eine sterile Flasche füllen. Gekühlt ist er ca. zwei Wochen haltbar.

Zubereitung der Limonade

1 400 ml Holunderblütensirup mit dem Saft mischen.

2 Zum Servieren Eis ins Glas geben, mit $\frac{1}{2}$ Sirup-Saftmischung und $\frac{1}{2}$ Sprudelwasser aufgießen und eiskalt genießen.

Kühltipp: Einen großen rechteckigen Behälter ohne Einsatz mit Wasser füllen und einfrieren. Dieser »Eisblock« kühlt Getränke länger, ohne sie gleich zu verwässern.

Diese Limonade in Bowlengläsern als Aperitif für kleine Gäste servieren.

Indische Mangolimonade

Ergibt 1,5 l Limonade Foto Seite 46, links

Für die Limonade
450 ml Indischer Mangosirup
550 ml frisch gepresster Zitronensaft (ca. 14 Früchte)
500 ml Sprudelwasser

Für den Indischen Mangosirup
2 reife Mangos
3 cm Ingwer
1 kleine, getrocknete Chilischote
1 TL Senfsamen
1 TL gemahlener Kurkuma
1 TL Salz
500 g Zucker
400 ml Wasser

Wer zu viel Schärfe durch die Chilischote fürchtet, kann sie auch weglassen.

Zubereitung des Indischen Mangosirups

1 Die Mangos schälen und das Fruchtfleisch in 1 cm große Würfel schneiden. Den Ingwer schälen und in Scheiben schneiden. Die Chilischote halbieren.

2 Die Senfsamen in einem Topf ohne Fett erhitzen, bis die Samen aufplatzen.

3 Die Hitze reduzieren. Chilischote, Ingwer, Kurkuma und das Salz zugeben und 30 Sekunden rühren. Die Mangowürfel sowie den Zucker hinzufügen und verrühren. Kurz köcheln lassen, das Wasser zugießen und das Ganze 10 Minuten bei schwacher Hitze kochen. Immer mal wieder umrühren, damit der Zucker sich auflöst und nicht am Boden anbrennt.

4 Ein Sieb mit einem dünnen Mulltuch auskleiden, den Mangosirup hineingießen, die Flüssigkeit auffangen. Das Tuch zusammendrehen und die restliche Flüssigkeit auspressen.

5 Den Sirup durch ein feines Sieb in eine sterile Flasche füllen. Gekühlt ist er ca. zwei Wochen haltbar.

Zubereitung der Limonade

1 450 ml Indischen Mangosirup mit dem Saft mischen.

2 Zum Servieren Eis ins Glas geben, mit ⅔ Sirup-Saftmischung und ⅓ Sprudelwasser aufgießen und eiskalt genießen.

Mango-Maracuja-Limonade

Ergibt 2 l Limonade Foto Seite 46, rechts

Für die Limonade

200 ml Maracujasirup
200 ml Indischer Mangosirup (siehe linke Seite)
600 ml frisch gepresster Limettensaft (ca. 22 Früchte)
1 l Sprudelwasser

Für den Maracujasirup

500 ml Wasser
500 g Zucker
3 gelb-grüne oder 4 – 5 violett-braune Maracujas

Zubereitung des Maracujasirups

1 Wasser und Zucker bei mittlerer Hitze aufkochen. Immer mal wieder umrühren, damit der Zucker sich auflöst und nicht am Boden anbrennt.

2 Die Maracujas halbieren, das Fruchtfleisch mit einem Löffel herausschaben und in das Zuckerwasser geben. Das Ganze aufkochen (maximal 5 Minuten), vom Herd nehmen und 20 Minuten ziehen lassen.

3 Den Sirup durch ein feines Sieb in eine sterile Flasche füllen. Gekühlt ist er ca. zwei Wochen haltbar.

Zubereitung der Limonade

1 200 ml Maracujasirup und 200 ml Mangosirup mit dem Saft mischen.

2 Zum Servieren Eis ins Glas geben, mit ½ Sirup-Saftmischung und ½ Sprudelwasser aufgießen und eiskalt genießen.

Wassermelonen-Mango-Limonade

Ergibt 2 l Limonade **Foto auf Seite 46, Mitte**

Für die Limonade

150 ml Indischer Mangosirup
650 ml Melonensaft
(ca. 1 kg Fruchtfleisch)
210 ml frisch gepresster
Limettensaft (ca. 9 Früchte)
1 l Sprudelwasser

Für den Indischen Mangosirup

2 reife Mangos
3 cm Ingwer
1 kleine getrocknete
Chilischote (nach Belieben)
1 TL Senfsamen
1 TL gemahlener Kurkuma
1 TL Salz
500 g Zucker
400 ml Wasser

Zubereitung des Indischen Mangosirups

1 Die Mangos schälen und das Fruchtfleisch in 1 cm große Würfel schneiden. Den Ingwer schälen und in Scheiben schneiden. Die Chilischote halbieren.

2 Die Senfsamen in einem Topf ohne Fett erhitzen, bis die Samen aufplatzen.

3 Die Hitze reduzieren. Chilischote, Ingwer, Kurkuma und das Salz zugeben und 30 Sekunden rühren. Die Mangowürfel sowie den Zucker hinzufügen und verrühren. Kurz köcheln lassen, das Wasser zugießen und das Ganze 10 Minuten bei schwacher Hitze kochen. Immer mal wieder umrühren, damit der Zucker sich auflöst und nicht am Boden anbrennt.

4 Ein Sieb mit einem dünnen Mulltuch auskleiden, den Mangosirup hineingießen, die Flüssigkeit auffangen. Das Tuch zusammendrehen und die restliche Flüssigkeit auspressen.

5 Den Sirup durch ein feines Sieb in eine sterile Flasche füllen. Gekühlt ist er ca. zwei Wochen haltbar.

Zubereitung der Limonade

1 150 ml Indischen Mangosirup mit den Säften mischen.

2 Zum Servieren Eis ins Glas geben, mit ½ Sirup-Saftmischung und ½ Sprudelwasser aufgießen und eiskalt genießen.

Wer mag, kann dem Mangosirup noch 1 oder 2 Maracujas zufügen.

Pfirsich-Melba-Limonade

Ergibt 2 l Limonade **Foto Seite 51, links im Krug**

Für die Limonade

100 ml Karamellsirup
700 ml Pfirsichsaft (Fertigprodukt)
200 ml frisch gepresster Limettensaft (ca. 9 Früchte)
1 l Sprudelwasser

Für den Karamellsirup

500 g Zucker
500 ml Wasser

Wenn Sie den Pfirsichsaft selbst herstellen – was arbeitsreich ist, aber geschmacklich besser –, dann nehmen Sie für die Limonade 150 ml Karamellsirup.

Zubereitung des Karamellsirups

1 Zucker in einem Topf bei mittlerer Hitze erwärmen, dabei ständig rühren, bis er bräunlich karamellisiert.

2 Das Wasser vorsichtig, weil es sehr spritzt, dazugeben. Der Zucker wird zunächst klumpen, löst sich aber nach 5–8 Minuten ständigen Rührens bei schwacher Hitze wieder auf. Darauf achten, dass er nicht zu braun wird, der Sirup schmeckt dann bitter.

3 Den Sirup vom Herd nehmen und in eine sterile Flasche füllen. Gekühlt ist er ca. zwei Wochen haltbar.

Zubereitung der Limonade

1 100 ml Karamellsirup mit den Säften mischen.

2 Zum Servieren Eis ins Glas geben, mit ½ Sirup-Saftmischung und ½ Sprudelwasser aufgießen und eiskalt genießen.

Gewürzte Apfellimonade

Ergibt 2 l Limonade Foto auf Seite 51, rechts

Für die Limonade

250 ml Gewürzsirup
550 ml frisch gepresster Apfelsaft aus säuerlichen Äpfeln (ca. 800 g Früchte)
200 ml frisch gepresster Zitronensaft (ca. 6 Früchte)
1 l Sprudelwasser

Für den Gewürzsirup

2 cm Ingwer
3 Stangen Zimt
2 Vanilleschoten
16 Pimentkörner
5 Pfefferkörner
6 grüne Kardamomkapseln
2 Sternanis
500 ml Wasser
500 g Zucker

Ersatzweise können sie naturtrüben Apfelsaft aus dem Handel verwenden, reduzieren Sie die Sirupmenge dann aber auf 150 ml.

Sie können diese Limonade auch mit Leitungswasser aufgießen, erwärmen und als Heißgetränk genießen.

Zubereitung des Gewürzsirups

1 Den Ingwer in Scheiben schneiden. Die Zimtstangen in Stücke brechen. Die Vanilleschoten aufschlitzen und das Mark herausschaben.

2 Zimt, Piment, Pfeffer und Kardamom in einem Mörser grob zerstoßen.

3 Einen Topf auf dem Herd erhitzen und erst dann die zerstoßenen Gewürze aus dem Mörser hineingeben. 1 Minute unter ständigem Rühren anrösten. Das Wasser aufgießen.

4 Ingwer, Vanilleschoten und -mark, Sternanis und Zucker hinzufügen und bei mittlerer Hitze aufkochen (maximal 5 Minuten). Immer wieder umrühren, damit der Zucker sich auflöst und nicht am Boden anbrennt. Vom Herd nehmen und 20 Minuten ziehen lassen.

5 Den Sirup durch ein feines Sieb in eine sterile Flasche füllen. Gekühlt ist er ca. zwei Wochen haltbar.

Zubereitung des Apfelsafts

1 Entsaften Sie die Äpfel in einem Entsafter.

Zubereitung der Limonade

1 250 ml Gewürzsirup und die Säfte gut vermischen.

2 Zum Servieren Eis ins Glas geben, mit ½ Sirup-Saftmischung und ½ Sprudelwasser aufgießen und eiskalt genießen.

Mit Promille:
Ein Schuss Rum oder Whisk(e)y und eine Prise Muskat machen aus der erwärmten Limonade einen Hot Toddy-Ersatz.

Orangen-Gewürz-Limonade

Ergibt 1,5 l Limonade Foto Seite 51, Mitte

Für die Limonade
150 ml Gewürzsirup
650 ml frisch gepresster Orangensaft (ca. 7 Früchte)
200 ml frisch gepresster Zitronensaft (ca. 6 Früchte)
500 ml Sprudelwasser

Für den Gewürzsirup
2 cm Ingwer
3 Stangen Zimt
2 Vanilleschoten
16 Pimentkörner
5 Pfefferkörner
6 grüne Kardamomkapseln
2 Sternanis
500 ml Wasser
500 g Zucker

Zubereitung des Gewürzsirups

1 Den Ingwer schälen und in Scheiben schneiden. Die Zimtstangen in Stücke brechen. Die Vanilleschoten aufschlitzen und das Mark herausschaben.

2 Zimt, Piment, Pfeffer und Kardamom in einem Mörser grob zerstoßen.

3 Einen Topf auf dem Herd erhitzen und erst dann die zerstoßenen Gewürze hineingeben. 1 Minute unter ständigem Rühren anrösten. Das Wasser aufgießen.

4 Ingwerscheiben, Vanilleschoten und -mark, Sternanis sowie den Zucker hinzufügen und bei mittlerer Hitze aufkochen (maximal 5 Minuten). Immer wieder umrühren, damit der Zucker sich auflöst und nicht am Boden anbrennt. Vom Herd nehmen und 20 Minuten ziehen lassen.

5 Den Sirup durch ein feines Sieb in eine sterile Flasche füllen. Gekühlt ist er ca. zwei Wochen haltbar.

Zubereitung der Limonade

1 150 ml Gewürzsirup und die Säfte gut vermischen.

2 Zum Servieren Eis ins Glas geben, mit ⅔ Sirup-Saftmischung und ⅓ Sprudelwasser aufgießen und eiskalt genießen.

Basilikumlimonade

Ergibt 1,5 l Limonade Foto Seite 53, Mitte

Für die Limonade
400 ml Basilikumsirup
600 ml frisch gepresster Zitronensaft (ca. 16 Früchte)
500 ml Sprudelwasser

Für den Basilikumsirup
2 Bund Basilikum
Schale von 4 Bio-Zitronen
500 ml Wasser
500 g Zucker

Mit Promille:
Genießen Sie diese Limonade mit 4 cl Gin oder Wodka und viel Eis als Longdrink. Die Aromen von Gin, Zitronenschale und Basilikum harmonieren perfekt.

Zubereitung des Basilikumsirups

1 Basilikum waschen und die Blätter von den Stielen zupfen.

2 Die gewaschenen Zitronen mit einem Sparschäler dünn schälen, dabei darauf achten, dass das bittere Weiße nicht mit abgeschält wird.

3 Wasser und Zucker bei mittlerer Hitze aufkochen. Immer mal wieder umrühren, damit der Zucker sich auflöst und nicht am Boden anbrennt.

4 Die Zitronenschale hinzufügen, das Ganze aufkochen (maximal 5 Minuten), vom Herd nehmen und die Basilikumblättchen unterrühren. 2 Tage lang ziehen lassen.

5 Den Sirup durch ein feines Sieb in eine sterile Flasche füllen. Gekühlt ist er ca. zwei Wochen haltbar.

Zubereitung der Limonade

1 400 ml Basilikumsirup mit dem Saft mischen.

2 Zum Servieren Eis ins Glas geben, mit ⅔ Sirup-Saftmischung und ⅓ Sprudelwasser aufgießen und eiskalt genießen.

Ingwer-Basilikum-Limonade

Ergibt 3 l Limonade Foto auf Seite 53, rechts

Für die Limonade
400 ml Basilikumsirup
200 ml Ingwersaft (frisch gepresst oder Fertigprodukt)
400 ml frisch gepresster Zitronensaft (ca. 10 Früchte)
500 ml Sprudelwasser

Für den Basilikumsirup
2 Bund Basilikum
Schale von 4 Bio-Zitronen
500 ml Wasser
500 g Zucker

Zubereitung des Basilikumsirups

1 Basilikum waschen und die Blätter von den Stielen zupfen.

2 Die gewaschenen Zitronen mit einem Sparschäler dünn schälen, dabei darauf achten, dass das bittere Weiße nicht mit abgeschält wird.

3 Wasser und Zucker bei mittlerer Hitze aufkochen. Immer mal wieder umrühren, damit der Zucker sich auflöst und nicht am Boden anbrennt.

4 Die Zitronenschale hinzufügen, das Ganze aufkochen (maximal 5 Minuten), vom Herd nehmen und die Basilikumblätter unterrühren. 2 Tage lang ziehen lassen.

5 Den Sirup durch ein feines Sieb in eine sterile Flasche füllen. Gekühlt ist er ca. zwei Wochen haltbar.

Zubereitung des Ingwersafts

1 Den Ingwer schälen, in kleine Stückchen schneiden und vorsichtig im Entsafter entsaften. Wenn Sie keinen Entsafter haben, müssen Sie zur klassischen Methode greifen: Eine Schüssel mit einem dünnen Mulltuch auslegen. Den Ingwer schälen und mit einer feinen Reibe in die Mitte des Mulltuchs reiben (oder pürieren). Das Tuch über dem Ingwer fest zusammendrehen und den Saft auspressen. Für 200 ml Ingwersaft brauchen Sie ungefähr 500 g Ingwer.

Zubereitung der Limonade

1 400 ml Basilikumsirup mit den Säften mischen.

2 Zum Servieren Eis ins Glas geben, mit 1/3 Sirup-Saftmischung und 2/3 Sprudelwasser aufgießen und eiskalt genießen.

Aprikosen-Basilikum-Limonade

Ergibt 1,8 l Limonade Foto Seite 53, links

Für die Limonade

100 ml Basilikumsirup (siehe linke Seite)
100 ml Ingwersaft (frisch gepresst oder Fertigprodukt)
500 ml Aprikosensaft (Fertigprodukt)
200 ml frisch gepresster Limettensaft (ca. 8 Früchte)
1 l Sprudelwasser

Wenn Sie den Aprikosensaft selbst herstellen, empfehle ich, 150 ml Basilikumsirup zu nehmen.

Zubereitung des Ingwersafts

1 Den Ingwer schälen, in kleine Stückchen schneiden und vorsichtig im Entsafter entsaften. Wenn Sie keinen Entsafter haben, müssen Sie zur klassischen Methode greifen: Eine Schüssel mit einem dünnen Mulltuch auslegen. Den Ingwer schälen und mit einer feinen Reibe in die Mitte des Mulltuchs reiben (oder pürieren). Das Tuch über dem Ingwer fest zusammendrehen und den Saft auspressen. Für 100 ml Ingwersaft brauchen Sie ungefähr 250 g Ingwer.

Zubereitung der Limonade

1 100 ml Basilikumsirup mit den Säften mischen.

2 Zum Servieren Eis ins Glas geben, mit ½ Sirup-Saftmischung und ½ Sprudelwasser aufgießen und eiskalt genießen.

Himbeer-Basilikum-Limonade

Ergibt 3 l Limonade Foto Seite 59, rechts

Für die Limonade
600 ml Himbeer-Basilikum-Sirup
400 ml Limettensaft (ca. 14 Früchte)
2 l Sprudelwasser

Für den Himbeer-Basilikum-Sirup
400 g Himbeeren, frisch oder TK
2 Kardamomkapseln
2 Bund Basilikum
Schale von 2 Bio-Zitronen
100 ml Wasser
500 g Zucker

Mit Promille:
Diese Limonade mit der gleichen Menge der Ingwer-Himbeer-Limonade von der nächsten Seite mischen und 4 cl braunen Rum dazugeben.

Zubereitung des Himbeer-Basilikum-Sirups

1 Die frischen Himbeeren verlesen. Die Kardamomkapseln zerdrücken. Basilikum waschen, die Blätter von den Stielen zupfen.

2 Die gewaschenen Zitronen mit einem Sparschäler dünn schälen, dabei darauf achten, dass das bittere Weiße nicht mit abgeschält wird.

3 Wasser und Zucker bei mittlerer Hitze aufkochen. Immer mal wieder umrühren, damit der Zucker sich auflöst und nicht am Boden anbrennt.

4 Himbeeren, Kardamomkapseln und Zitronenschale zugeben und 10–15 Minuten leicht sieden lassen. Nach etwa 10 Minuten die Basilikumblättchen zugeben. Vom Herd nehmen und 1 Tag ziehen lassen.

5 Ein Sieb über einer Schüssel mit einem dünnen Mulltuch auskleiden, den Sirup hineingießen, die Restflüssigkeit durch Drehen des Tuchs auspressen. Den Sirup in eine sterile Flasche füllen. Gekühlt ist er ca. zwei Wochen haltbar.

Zubereitung der Limonade

1 600 ml Himbeer-Basilikum-Sirup mit dem Saft mischen.

2 Zum Servieren Eis ins Glas geben, mit ⅓ Sirup-Saftmischung und ⅔ Sprudelwasser aufgießen und eiskalt genießen.

Ingwer-Himbeer-Limonade

Ergibt 3 l Limonade Foto Seite 59, Mitte

Für die Limonade

400 ml Himbeer-Basilikum-Sirup (siehe linke Seite)
200 ml Ingwersaft (frisch gepresst oder Fertigprodukt)
400 ml frisch gepresster Zitronensaft (ca. 10 Früchte)
2 l Sprudelwasser

Zubereitung des Ingwersafts

1 Den Ingwer schälen, in kleine Stückchen schneiden und vorsichtig im Entsafter entsaften. Wenn Sie keinen Entsafter haben, müssen Sie zur klassischen Methode greifen: Eine Schüssel mit einem dünnen Mulltuch auslegen. Den Ingwer schälen und mit einer feinen Reibe in die Mitte des Mulltuchs reiben (oder pürieren). Das Tuch über dem Ingwer fest zusammendrehen und den Saft auspressen. Für 200 ml Ingwersaft brauchen Sie ungefähr 500 g Ingwer.

Zubereitung der Limonade

1 400 ml Himbeer-Basilikum-Sirup mit den Säften mischen.

2 Zum Servieren Eis ins Glas geben, mit ⅓ Sirup-Saftmischung und ⅔ Sprudelwasser aufgießen und eiskalt genießen.

Orangen-Himbeer-Limonade

Ergibt 1,5 l Limonade Foto Seite 59, links

Für die Limonade

150 ml Himbeer-Basilikum-Sirup
650 ml frisch gepresster Orangensaft (ca. 7 Früchte)
200 ml frisch gepresster Zitronensaft (ca. 5 Früchte)
500 ml Sprudelwasser

Für den Himbeer-Basilikum-Sirup

400 g Himbeeren, frisch oder TK
2 Kardamomkapseln
2 Bund Basilikum
Schale von 2 Bio-Zitronen
100 ml Wasser
500 g Zucker

Zubereitung des Himbeer-Basilikum-Sirups

1 Die frischen Himbeeren verlesen. Die Kardamomkapseln zerdrücken. Basilikum waschen und die Blätter von den Stielen zupfen. Die gewaschenen Zitronen mit einem Sparschäler dünn schälen, dabei darauf achten, dass das bittere Weiße nicht mit abgeschält wird.

2 Wasser und Zucker bei mittlerer Hitze aufkochen. Immer mal wieder umrühren, damit der Zucker sich auflöst und nicht am Boden anbrennt.

3 Himbeeren, Kardamomkapseln und Zitronenschale zugeben und 10–15 Minuten leicht sieden lassen. Nach etwa 10 Minuten die Basilikumblätter hinzufügen. Vom Herd nehmen und 1 Tag ziehen lassen.

4 Ein Sieb über einem Topf mit einem dünnen Mulltuch auskleiden, den Sirup hineingießen, die Restflüssigkeit durch Drehen des Tuches auspressen. Den Sirup in eine sterile Flasche füllen. Gekühlt ist er ca. zwei Wochen haltbar.

Zubereitung der Limonade

1 150 ml Himbeer-Basilikum-Sirup mit den Säften mischen.

2 Zum Servieren Eis ins Glas geben, mit 2/3 Sirup-Saftmischung und 1/3 Sprudelwasser aufgießen und eiskalt genießen.

Gurken-Dill-Limonade

Ergibt 2,2 l Limonade **Foto Seite 65, rechts**

Für die Limonade

300 ml Dillsirup
600 ml Gurkensaft
(ca. 2 Bio-Salatgurken)
200 ml frisch gepresster
Zitronensaft (ca. 5 Früchte)
1 l Sprudelwasser

Für den Dillsirup

500 ml Wasser
500 g Zucker
30 g Dill

Der Sirup verfärbt sich nach einiger Zeit, aus leichtem Grün wird ein karamelliges Braun. Das beeinträchtigt den Geschmack aber nicht.

Mit Promille: Sehr erfrischend schmeckt diese Limonade mit 4 cl Gin oder Wodka und viel Eis als Longdrink. Die Aromen des Gins harmonieren perfekt zum Gurken-Dill-Geschmack.

Zubereitung des Dillsirups

1 Wasser und Zucker bei mittlerer Hitze aufkochen. Immer mal wieder umrühren, damit der Zucker sich auflöst und nicht am Boden anbrennt.

2 Den Dill hinzufügen, das Ganze maximal 5 Minuten kochen, vom Herd nehmen und 20 Minuten ziehen lassen.

3 Den Sirup durch ein feines Sieb gießen und in eine sterile Flasche füllen. Gekühlt ist er ca. zwei Wochen haltbar.

Zubereitung des Gurkensafts

1 Die Gurken in einem Entsafter entsaften. Oder eine Schüssel mit einem feinen Mulltuch auslegen, die ungeschälte Gurke fein reiben oder pürieren und in die Mitte des Tuchs geben. Das Tuch fest über der Gurke zusammendrehen und den Saft ausdrücken.

Wem der Dillsirup zu dominant ist, kann ihn durch Zuckersirup (siehe Seite 13) ersetzen.

Zubereitung der Limonade

1 300 ml Dillsirup mit den Säften mischen.

2 Zum Servieren Eis ins Glas geben, mit ½ Sirup-Saftmischung und ½ Sprudelwasser aufgießen und eiskalt genießen.

Kräuterlimonade mit Stevia

Ergibt 1,5 l Limonade Foto Seite 65, Mitte

Für die Limonade

600 ml Kräuteransatz
400 ml frisch gepresster Limettensaft (ca. 14 Früchte)
500 ml Sprudelwasser

Für den Kräuteransatz

1/2 Fenchel
150 g Holunderblütendolden (ersatzweise 1 Beutel Kamillentee)
20 g Waldmeister
10 g Salbei
30 g Zitronenmelisse
20 g Minze
2 Stängel Rosmarin
10 g Zitronenthymian
Schale von 2 Bio-Zitronen
500 ml Wasser
Stevia Flüssigsüße für 500 g Zucker (da die Süßkraft der Produkte sehr unterschiedlich ist, bitte auf die Angaben auf der Packung achten)

Auf der Packung wird die Süßkraft von Stevia oft mit Würfelzucker oder Teelöffel Zucker verglichen. Hier eine kleine Umrechnungshilfe: 500 g Zucker entsprechen 167 Stück Würfelzucker oder 100 gestrichenen Teelöffeln Zucker.

Natürlich können Sie den Ansatz auch klassisch mit Zucker statt mit Stevia herstellen.

Da zu einem Sirup immer Zucker gehört, ist der mit Stevia gesüßte Ansatz kein Sirup, und damit auch nicht so lange haltbar. Wenn Sie jedoch die geschmacksgebenden Zutaten in Zuckersirup kochen, erhalten Sie Kräutersirup.

Zubereitung des Kräuteransatzes

1 Die Fenchel klein schneiden, die Holunderblüten verlesen, die Kräuter waschen. Die gewaschenen Zitronen mit einem Sparschäler dünn schälen, dabei darauf achten, dass das bittere Weiße nicht mit abgeschält wird.

2 Das Wasser mit den Kräutern und der Zitronenschale erhitzen, maximal 5 Minuten köcheln lassen, vom Herd nehmen und 30 Minuten ziehen lassen. Die Stevia Flüssigsüße erst in die abgekühlte Flüssigkeit rühren.

3 Eine Schüssel mit einem feinen Mulltuch auslegen. Die Kräuter-Stevia-Mischung hineingießen. Das Tuch über den Kräutern fest zusammendrehen und die Restflüssigkeit auspressen.

4 Den Ansatz durch ein feines Sieb gießen und in eine sterile Flasche füllen, gekühlt ist er 1 Woche haltbar.

Zubereitung der Limonade

1 600 ml Kräuteransatz mit dem Saft mischen.

2 Zum Servieren Eis ins Glas geben, mit ⅔ Sirup-Saftmischung und ⅓ Sprudelwasser aufgießen und eiskalt genießen.

Mit Promille:
Diese aromareiche Limonade in einem Weinglas auf viel Eis mit dem Saft ½ Limette und 4 cl Lillet Blanc servieren - voilà, fertig ist unser eigener Sprizz (Lillet Blanc ist ein goldfarbener Aperitif aus Wein und Fruchtlikören mit dem Aroma von kandierten Orangen und Honig).

Lavendel-Minz-Limonade

Ergibt 2 l Limonade **Foto Seite 65, links**

Für die Limonade
400 ml Lavendel-Minz-Sirup
600 ml frisch gepresster Limettensaft (ca. 21 Früchte)
1 l Sprudelwasser

Für den Lavendel-Minz-Sirup
15 g Lavendelblüten
15 g frische, grüne Minze, am besten marokkanische Nana-Minze
500 ml Wasser
500 g Zucker

Durch die Minze ist diese sommerliche Limonade angenehm erfrischend und schmeckt nicht zu »blumig«.

Zubereitung des Lavendel-Minz-Sirups

1 Die Lavendelblüten verlesen, die Minze waschen.

2 Wasser und Zucker bei mittlerer Hitze aufkochen. Immer mal wieder umrühren, damit der Zucker sich auflöst und nicht am Boden anbrennt.

3 Lavendelblüten und Minze hinzufügen, das Ganze aufkochen (maximal 5 Minuten), vom Herd nehmen und 20 Minuten ziehen lassen.

4 Den Sirup durch ein feines Sieb gießen und in eine sterile Flasche füllen. Gekühlt ist er ca. zwei Wochen haltbar.

Zubereitung der Limonade

1 400 ml Lavendel-Minz-Sirup mit dem Saft mischen.

2 Zum Servieren Eis ins Glas geben, mit ½ Sirup-Saftmischung und ½ Sprudelwasser aufgießen und eiskalt genießen

Holunderbeerlimonade

Ergibt 2 l Limonade Foto Seite 40/41, rechts

Für die Limonade

400 ml Holunderbeersirup
600 ml frisch gepresster Zitronensaft (ca. 16 Früchte)
1 l Sprudelwasser

Für den Holunderbeersirup

500 ml Wasser
500 g Zucker
800 g Holunderbeeren
1 kleine Stange Zimt

Diese Limonade schmeckt auch heiß sehr gut. Gießen Sie sie dafür mit Leitungswasser auf und erhitzen Sie sie, aber nicht kochen.

Zubereitung des Holunderbeersirups

1 Wasser und Zucker bei mittlerer Hitze aufkochen. Immer mal wieder umrühren, damit der Zucker sich auflöst und nicht am Boden anbrennt.

2 Die Holunderbeeren mit dem Zimt hinzufügen, das Ganze aufkochen (maximal 5 Minuten), vom Herd nehmen und 20 Minuten ziehen lassen.

3 Den Sirup durch ein feines Sieb gießen und in eine sterile Flasche füllen. Gekühlt ist er ca. zwei Wochen haltbar.

Zubereitung der Limonade

1 400 ml Holunderbeersirup mit dem Saft mischen.

2 Zum Servieren Eis ins Glas geben, mit ½ Sirup-Saftmischung und ½ Sprudelwasser aufgießen und eiskalt genießen.

Fassbrause

Ergibt 1,8 l Limonade **Foto auf Seite 40/41, Mitte**

Für die Limonade

100 ml Kräuteransatz (siehe Seite 62/63)
45 g Gerstenmalzsirup (Bioladen oder Internethandel)
550 ml Apfelsaft aus säuerlichen Äpfeln (frisch gepresst oder Fertigprodukt)
200 ml frisch gepresster Zitronensaft (ca. 6 Früchte)
1 l Sprudelwasser

Zubereitung des Apfelsafts

1 Entsaften Sie ca. 800 g säuerliche Äpfel.

Zubereitung der Limonade

1 100 ml Kräuteransatz mit dem Gerstenmalzsirup und den Säften mischen.

2 Zum Servieren Eis ins Glas geben, mit ½ Sirup-Saftmischung und ½ Sprudelwasser aufgießen und eiskalt genießen.

Alternativ können Sie auch natürtrüben Apfelsaft nehmen.

Wenn Sie eine Limonade im Bowlengefäß servieren, kühlen Sie sie mit einem richtigen Eisblock – der kühlt länger, ohne zu verwässern.

Große Eiswürfel schmelzen langsamer als kleine.

Einige Limonaden können Sie auch heiß trinken. Dafür werden sie mit Leitungswasser aufgegossen und erhitzt.

Servieren Sie Limonade eiskalt – mit viel Eis!

Wespenschutz im Sommer: Mit Nelken gespickte Zitronenscheiben vertreiben die Tiere. Decken Sie Gläser ab, Flaschen nur geschlossen aufbewahren.

Limonaden-konzentrate eignen sich auch wunderbar als Mitbringsel.

Eiskalte Limonaden fürs Picknick: Nehmen Sie sie in Thermosflaschen mit.

Meine Tipps rund ums Limonademachen

Selbst gewonnene Säfte schmecken deutlich besser als Fertigsäfte! Sie brauchen dann aber etwas mehr Sirup (ca. 50 ml pro Liter Konzentrat).

Die besondere Dekoration: Mit essbaren Blüten geschmückt, sieht die Limonade gleich viel spannender aus. Geeignet sind zum Beispiel Veilchen, Stiefmütterchen, Gänseblümchen, Holunder- und Lindenblüten.

Nehmen Sie stark sprudeliges Wasser für die Limonaden.

	Basilikumsirup	Dillsirup	Gewürzsirup	Himbeer-Basilikum-Sirup	Holunderbeersirup	Holunderblütensirup	Indischer Mangosirup
Aprikosen-Basilikum-Limonade, 55	X						
Basilikumlimonade, 52	X						
Fassbrause, 67							
Gewürzte Apfellimonade, 48			X				
Grapefruitlimonade, 18							
Gurken-Dill-Limonade, 60		X					
Gurken-Ingwer-Limonade, 27							
Himbeer-Basilikum-Limonade, 56				X			
Holunderbeerlimonade, 66					X		
Holunderblütenlimonade, 38						X	
Indische Mangolimonade, 42							X
Ingwer-Basilikum-Limonade, 54	X						
Ingwer-Himbeer-Limonade, 57				X			
Ingwer-Maracuja-Limonade, 34							
Ingwer-Minz-Limonade, 29							
Ingwer-Vanille-Limonade, 23							
Kräuterlimonade mit Stevia, 62							
Lavendel-Minz-Limonade, 64							
Limettenlimonade, 14							
Mandarinen-Orangen-Limonade, 16							
Mandarinenlimonade, 15							
Mango-Maracuja-Limonade, 43							X
Maracuja-Vanille-Limonade, 33							
Maracuja-Limonade, 32							
Mojito-Limonade, 28							
Orangen-Dill-Limonade, 19		X					
Orangen-Gewürz-Limonade, 50			X				
Orangen-Himbeer-Limonade, 58				X			
Orangenlimonade, 13							
Pfirsich-Melba-Limonade, 47							
Rhabarberlimonade, 36							
Rosenlimonade, 37							
Wassermelonen-Gurken-Limonade 24							
Wassermelonen-Mango-Limonade 44							X
Wassermelonen-Minz-Limonade 30							
Zitronen-Vanille-Limonade 20							
Zitronenlimonade 14							

Karamellsirup	Kräuteransatz/-sirup	Lavendel-Minz-Sirup	Maracujasirup	Minzsirup	Rhabarbersirup	Rosensirup	Vanillesirup	Zestensirup	Zuckersirup
	x								
								x	
							x		
			x						
				x			x		
							x		
	x								
		x							
									x
								x	
									x
			x						
			x				x		
			x						
				x					
								x	
									x
x									
					x				
						x			
							x		
				x					
							x	x	
									x

Alphabetisches Register der Limonaden

Alphabetisches Register der Sirupe

ISBN: 978-3-8094-3303-3

1. Auflage

Umschlaggestaltung, Innenlayout und Satz: Atelier Versen, Bad Aibling

Rezeptfotos und Steps: Karl Newedel, München

Bildredaktion: Sabine Kestler

Herstellung: Elke Cramer

Projektleitung: Anja Halveland

Reproduktion: Artilitho snc, Lavis (Trento)

Druck und Verarbeitung: Mohn Media Mohndruck GmbH, Gütersloh

Printed in Germany

FSC www.fsc.org MIX Papier aus verantwortungsvollen Quellen FSC® C011124

Verlagsgruppe Random House FSC® N001967

Das für dieses Buch verwendete FSC®-zertifizierte Papier *Profisilk* wurde produziert von Sappi Stockstadt.